BEI GRIN MACHT SICH IHR WISSEN BEZAHLT

Verarbeitung von Social-Media Content zur Strafverfolgung

Maximilian Bernhardt

Bibliografische Information der Deutschen Nationalbibliothek:

Die Deutsche Nationalbibliothek verzeichnet diese Publikation in der Deutschen Nationalbibliografie; detaillierte bibliografische Daten sind im Internet über http://dnb.d-nb.de abrufbar.

ISBN: 9783346885760
Dieses Buch ist auch als E-Book erhältlich.

© GRIN Publishing GmbH
Trappentreustraße 1
80339 München

Druck und Bindung: Books on Demand GmbH, Norderstedt Germany
Gedruckt auf säurefreiem Papier aus verantwortungsvollen Quellen

Das vorliegende Werk wurde sorgfältig erarbeitet. Dennoch übernehmen Autoren und Verlag für die Richtigkeit von Angaben, Hinweisen, Links und Ratschlägen sowie eventuelle Druckfehler keine Haftung.

Das Buch bei GRIN: https://www.grin.com/document/1320928

Verarbeitung von Social-Media Content zur Strafverfolgung

Karlsruher Institut für Technologie, Kaiserstr. 12 in 76131 Karlsruhe, Deutschland

Zusammenfassung. Jahr für Jahr nimmt die Rolle von sozialen Netzwerken wie Facebook, Instagram oder Twitter zu. So stieg die Anzahl monatlicher aktiver Nutzer auf Facebook zwischen 2009 und 2019 innerhalb von 10 Jahren von weniger als 200 Millionen Nutzern auf knapp 2,5 Milliarden monatlich aktiven Nutzern an. Mit dem zunehmenden Einfluss der Netzwerke kommt es auch vermehrt zu Straftaten, welche sowohl direkt auf den Plattformen in Form von beispielsweise Betrug oder Cybermobbing stattfinden können, als auch durch Aufrufe zu schweren Straftaten wie Attentaten in realen Leben auftreten. Deshalb sind soziale Netzwerke durch die steigende Menge an Informationen für strafverfolgende Behörden sehr interessant. Jedoch stellen technische Problematiken, wie die Verarbeitung von der großen Menge an Informationen, sowie auch rechtliche Hürden, bspw. Datenschutzrichtlinien oder Grundrechte der Verdächtigen, die strafverfolgenden Behörden vor große Herausforderungen.
Ziel der Arbeit ist es, die aktuellen rechtlichen Herausforderungen der Strafverfolgung auf sozialen Netzwerken herauszuarbeiten und mögliche Verbesserungen in der aktuellen Gesetzeslage darzulegen. Anschließend sollen Methoden des Natural Language Processing vorgestellt werden, welche der Polizei und anderen Behörden zukünftig helfen können, technische Kompliziertheiten in der Informationsverarbeitung einzugrenzen. Diese Themen sollen anschließend durch ein Experteninterview modifiziert werden. Zum Abschluss sollen die Methoden des NLPs evaluiert werden, um ein mögliches Lösungskonzept für die technischen Schwierigkeiten vorlegen zu können. Abschließend sollen weitere Lösungsmöglichkeiten zur Erleichterung der Strafverfolgung auf sozialen Netzwerken vorgestellt werden.

Schlüsselwörter: Social Media · Natural Language Processing · Prosecution.

1 Einleitung

Wie der Titel schon vorwegnimmt, befasst sich diese Seminararbeit mit der Strafverfolgung im Social-Media Zeitalter. Der Fokus liegt in dieser Arbeit vor allem auf den rechtlichen und technischen Aspekten, die bei der Verarbeitung von Social-Media Content zur Strafverfolgung relevant sind. Ziel dieser Ausarbeitung soll es sein, einen generellen Überblick über Cybercrime-Delikte in Social-Media zu geben. Darüber hinaus sollen die technischen und juristischen Herausforderungen bei der Strafverfolgung in sozialen Netzwerken exploriert werden und daraus mögliche Lösungsansätze vorgestellt werden.

1.1 Relevanz des Themas

Das Internet übt heutzutage einen immer größer werdenden Einfluss auf das alltägliche Leben in Deutschland aus. So sind rund 76 Prozent der deutschen Internetnutzer mittlerweile Mitglied eines sozialen Netzwerks. Zwar stellen soziale Netzwerke vor allem eine Bereicherung für Internetnutzer dar [1], jedoch fördern sie auch die Begehung von Straftaten oder rufen diese sogar hervor [1]. Da also zum einen drei von vier Deutschen Social-Media nutzen und zum anderen soziale Netzwerke Straftaten erregen bzw. herbeiführen, ist das in dieser Seminararbeit untersuchte Thema von hoher Relevanz.

1.2 Methodik und Aufbau der Arbeit

Nachdem nun im ersten Kapitel das Ziel dieser Studienarbeit ausgeführt wurde und die Relevanz des Themas aufgezeigt wurde, wird im zweiten Kapitel der rechtliche Hintergrund für die Verarbeitung von Social-Media Content zur Strafverfolgung vorgestellt. Anschließend werden im dritten Kapitel die technischen Aspekte, die für die Verfolgung von Cybercrime-Delikten hinsichtlich Social-Media relevant sind, herausgearbeitet und aufgezeigt. Im vierten Kapitel werden die Ergebnisse der qualitativen Inhaltsanalyse des Experteninterviews vorgestellt und erläutert. Danach werden im fünften Kapitel Lösungsansätze für diese Art der Strafverfolgung aufgezeigt. Zum Schluss folgt im sechsten Kapitel eine kurze Zusammenfassung, sowie eine kritische Würdigung und ein Ausblick.

2 Rechtliche Grundlagen

In diesem Kapitel soll herausgearbeitet werden, welche aktuellen rechtlichen Hindernisse bei der Strafverfolgung aus sozialen Netzwerken für die Behörden bestehen. Dabei soll zunächst eine allgemeine Einführung in die vorkommenden Straftaten auf sozialen Netzwerken dargestellt werden. Anschließend sollen die rechtlichen Grenzen der Ermittlungsbehörden betrachtet werden und mögliche Probleme in der aktuellen Gesetzgebung skizziert werden.

---

[1] beispielsweise als Kommunikationsmittel oder als kostenlose Werbeplattform

2.1 Charakterisierung der Cyber-Straftaten

Über die letzten Jahre nahm die Bedeutung sozialer Netzwerke in Deutschland stetig zu. So waren im März 2019 basierend auf Informationen des offiziellen Börsenberichtes von Facebook mehr als 32 Millionen Nutzer monatlich aktiv, wovon mehr als 23 Millionen täglich das soziale Netzwerk besuchten [2]. Diese Nutzerzahlen und die damit verbundenen großen Mengen an Informationen wecken natürlich auch das Interesse der Behörden zur Ermittlung von strafrechtlich relevanten Themen [3]. So kann es auf sozialen Netzwerken zu verschiedenen Rechtsverstößen kommen. Hierbei treten beispielsweise bei Straftaten wie Cybermobbing völlig neue Straftaten für die Ermittlungsbehörden durch soziale Netzwerke auf.

Unterschieden können diese dabei grob in zwei Fallgruppen: Die erste Fallgruppe beschäftigt sich hauptsächlich mit Straftaten, welche in den sozialen Netzwerken stattfinden. Dies können zum einen illegale Veröffentlichungen von Video- oder Bildmaterialien sein, zum anderen Vorfälle wie Cybermobbing oder Betrug. Mögliche Ermittlungsspuren von Straftaten zählen zur zweiten Fallgruppe. Diese umfasst unter anderem sowohl Ankündigungen und Berichte von Straftaten, Erkenntnisse über mögliche Aufenthaltsorte oder kriminelle Netzwerke, als auch die mögliche Überprüfung von Alibis [4]. Aufgrund der unterschiedlichen Rechtsauffassungen der Betreiberländer der gängigen sozialen Netzwerke, wie den Vereinigten Staaten von Amerika, kann es jedoch bereits bei der Aufklärung von Straftaten wie Beleidigung zu unterschiedlichen Rechtsauffassungen kommen. So kann beispielsweise eine Aussage nach deutschem Recht als Beleidigung im strafrechtlichen Sinne gelten, nach amerikanischem Recht aber als freie Meinungsäußerung zählen[A14]. Des Weiteren werden strafverfolgenden Behörden bei der Nutzung verschiedener Ermittlungsmethoden zur Strafverfolgung, wie einfacher Recherche bis hin zur Gewinnung der benötigten Informationen für die Verfolgung von Straftaten und Ermittlung der Behörden auf sozialen Netzwerken, auch rechtliche Grenzen und Hürden gesetzt.

2.2 Rechtliche Grenzen und Hürden der Strafverfolgung

So dürfen zur gezielten Fahndung über soziale Netzwerke Bilder von verdächtigen Personen nur veröffentlicht werden, falls es sich um eine schwere Straftat handelt und die Identifikation ohne das Posten von Bildern weniger Erfolg versprechen würde. Hinzu kommt eine richterliche Genehmigung für solche Vorhaben (Strafprozessordnung). Des Weiteren dürfen Behörden aus datenschutzrechtlicher Sicht keine Informationen über Verdächtige bei Facebook posten und veröffentlichen. Hintergrund hierfür ist die Datenübertragung der sensiblen Daten mit in den USA stehenden Servern, wodurch den Behörden möglicherweise dauerhaft der Zugriff auf diese Daten entzogen werden kann. Auch die Kommentarfunktion der sozialen Medien unter den Veröffentlichungen ist für die Aufklärung von Straftaten nur bedingt nutzbar, da personenbezogene Daten und Hinweise aus datenschutzrechtlichen Gründen dort nicht veröffentlich werden dürfen [5].

Gelöst werden diese Probleme mit Posten von Links bei Fahndungsaufrufen auf den sozialen Netzwerken, auf welchen die benötigten Informationen wie Bild- und Videomaterial auf polizeilichen Servern gespeichert sind [5]. Mit Hilfe dieser Methoden kann die Polizei bei Fahndungen von verdächtigen Personen die Privacy Awareness[2] sicherstellen und die unautorisierte Weitergabe sensibler Daten schützen.

Neben der gezielten Fahndung von verdächtigen Personen können polizeiliche Behörden die sozialen Medien auch zu verdeckten Ermittlungen benutzen. Jedoch gibt es auch hier einige rechtliche Hürden und Grenzen. So verfügen Nutzer sozialer Netzwerke über verschiedene Grundrechte bei der Nutzung ebendieser, welche durch das deutsche Grundgesetz abgedeckt werden. Derart werden die Rechte der Betroffenen durch das allgemeine Persönlichkeitsrecht in Artikel 2 I i.V.m. Art. 1 I als auch Artikel 10 des deutschen Grundgesetztes geregelt [6], [4].

Die aktuelle Rechtslage der Strafprozessordnung (StPO) regelt hierbei, welche Grenzen und Möglichkeiten bei verdeckten Ermittlungen für die Behörden bestehen. So ermächtigen beziehungsweise schränken die Gesetze der allgemeinen Ermittlungsklausel (§§ 161 I, 163 I StPO), die Regelungen für die Observation (§ 163f StPO), die Regelungen für verdeckte Ermittler (§ 110a StPO), sowie die Telekommunikationsüberwachung (§ 100a StPO) die Strafverfolgung auf sozialen Netzwerken ein (Beck 2019).

Bei der aktuellen Rechtsgrundlage für Ermittlungen auf sozialen Netzwerken treten allerdings einige Probleme auf, wie beispielsweise die ungeklärte Definition der langfristigen Observation. So ist diese nach aktueller Rechtsgundlage nach §163 f als „planmäßig angelegte Beobachtung des Beschuldigten, die durchgehend länger als 24 Stunden dauern oder an mehr als zwei Tagen stattfinden sollen" [7]. Hierbei ist jedoch fraglich, ob die Längerfristigkeit zeitgemäß ist und ob die schweren Voraussetzungen wie die Schwere der Straftat die Ermittler nicht zu sehr einschränken. Des Weiteren ist die aktuelle Generalermächtigung der Behörden möglicherweise für verdeckte Ermittlungen zu weit und offen und entspricht nicht den eigentlichen Eingriffen auf Facebook und Co.. Aufgrund dieser nicht rechtmäßigen Wiederspiegelung der Begebenheiten auf sozialen Netzwerken scheint eine Neuregelung durch die Gesetzgeber hier sinnvoll [4].

Aufgrund der hohen Flut an Informationen, welche auf sozialen Netzwerken zur Strafverfolgung theoretisch genutzt werden können, treten neben diesen rechtlichen Grenzen auch technische Grenzen für die strafverfolgenden Behörden auf. Aufgrund dessen werden Methoden des Natural Language Processing eine zentrale Rolle neben der gezielten verdeckten Ermittlung von bekannten, verdächtigen Einzelpersonen bei der zukünftigen Strafverfolgung auf sozialen Netzwerken wie Facebook oder Instagram einnehmen, weil ohne viel Aufwand riesige Mengen an Daten verarbeitet werden können [8].

---

[2] Privacy Awareness: (Privatsphäre Bewusstsein) Bezeichnet den bewussten Umgang mit Informationen der Privatsphäre

Tabelle 1. Maßnahmen und Ermächtigungen bei verdeckten Ermittlungen auf sozialen Netzwerken (verändert nach Beck [4])

Maßnahmen	Eingriffsermächtigung
Kenntnisnahme aller öffentlich zugänglichen Informationen und Recherche in allgemeinzugänglichen Informations- und Kommunikationsdiensten wie Facebook.	§161 Abs. 1 StPO
Kurzfristige Beobachtung von Verdächtigen oder Beschuldigten auf sozialen Netzwerken	§ 161 Abs. 1 StPO
Längerfristige Beobachtung des Beschuldigten ohne Kontaktaufnahme	§ 163f Abs. 1 StPO (gerichtliche Zustimmung)
Maßnahmen unter Verwendung einer Legende:	
a) Anlegen einer einfachen Legende („Fake-Account")	a) § 161 Abs. 1 StPO (Verschweigen der Beamtenrolle Unterschied zu d))
b) Kommunikation/Beteiligung an Diskussionen in sozialen Netzwerken, Foren und Boards	b) § 161 Abs. 1 StPO
c) Kommunikation mit einem Beschuldigten, um ein Scheingeschäft abzuwickeln oder ihn anhand weniger Kontakte zu identifizieren	c) § 161 Abs. 1 StPO (NoeP), wobei Grenzen der unzulässigen Tatprovokation gewahrt sein müssten
d) Ausgefeilte Legende nach Maßgabe von § 110a Abs. 3 StPO	d) § 110b Abs. 1 StPO (Zustimmung der StA)
e) längerfristige Gesprächskontakte in Foren und Boards, die kriminelle Inhalte aus dem Bereich erheblicher Kriminalität	e) §§ 110a, 110b Abs. 1 StPO
f) längerfristige Gesprächskontakte in sozialen Netzwerken wie Facebook mit dem Beschuldigten	f) §§ 110a, 110b Abs. 2 StPO (gerichtlicher Beschluss) 163f Abs. 2 als Auslegungshilfe

3 Technische Möglichkeiten der Informationsextraktion

Die beschriebene Rechtslage legt den allgemeinen Rahmen für die Möglichkeiten der Strafverfolgung fest. Dabei ist die Abwägung zwischen dem Schutz der Privatsphäre gegenüber der freigiebigen Nutzung privater Daten durch Ermittlungsbehörden elementär [9]. In diesem Kapitel soll herausgearbeitet werden, welche allgemeinen, dem aktuellen Stand der Technik entsprechenden Möglichkeiten es gibt, um Texte aus sozialen Medien analytisch zu verarbeiten und dabei wichtige Informationen aus ihnen zu extrahieren. Dabei sollen zuerst die allgemeinen Ansätze beschrieben werden, welche später in einer Evaluation anhand der Problemstellung bewertet werden.

3.1 Definition Natural Language Processing

Kumar beschreibt Natural Language Processing (NLP) als die Art und Weise, wie Computer und Maschinen die natürliche, menschliche Sprache verstehen [10]. Die Kommunikation kann hierbei in schriftlicher oder verbaler Form erfolgen. Vorliegend ist die schriftliche Form im Vordergrund, da in sozialen Medien die meisten Informationen textuelle Struktur besitzen. Besonders wichtig für NLP sind in den letzten Jahren die Fortschritte im Bereich der künstlichen Intelligenz und des maschinellen Lernens geworden, wodurch NLP revolutionäre Verbesserungen erfahren hat.
NLP Techniken lassen sich in verschiedene Klassen einteilen. Ziele dieser Klassen sind z.B Kategorien mit Teilen des Textes zu verknüpfen (Topic modeling), den Text anders zu strukturieren oder den Text in einer komplett anderen Form darzustellen [11]. Kulkarni et al. beschreiben die zentralen, fortgeschrittenen NLP Techniken, um Informationen aus einem Text zu extrahieren [12]. Auf die für das Thema relevantesten soll im Folgenden eingegangen werden.

3.2 Parts of speech tagging

Parts of speech tagging (POS) ist eine der grundlegendsten Techniken zur linguistischen Verarbeitung und syntaktischen Analyse von Texten [13].
Dabei wird jedes Wort eines Textes mit dem richtigen morphosyntaktischen Tag versehen. Neben der Wortart wird folglich beispielsweise auch die Zeitform beachtet [14]. Somit können Mehrdeutigkeiten verhindert werden, da sich unter Betrachtung der angrenzenden Wörter ein Kontext ergibt, der auf die genaue Bedeutung schließen lässt. Die Tags werden aus verschiedenen Tagsets bezogen, eines der am meisten benutzten ist in Abbildung 1 dargestellt. Das POS tagging kann als Ausgangspunkt für weitere NLP Methoden, wie z.B. Named entity recognition oder Sentiment analysis, verwendet werden.
Schwierigkeiten bereiten bei der Anwendung auf Facebook und Co. der von strukturierten Texten abweichende Syntax, sowie oft vorkommende Schreib- oder Grammatikfehler. Hinzu kommen untypische lexikalische Begriffe, die das POS tagging zusätzlich erschweren [16].
Trotzdem kann über Trainingssätze aus sozialen Medien eine richtige Zuordnung der Tags von 93,72 Prozent erreicht werden [17].

Abb. 1. Penn Treebank POS Tagset [15]

1.	CC	Coordinating conjunction	25.	TO	*to*	
2.	CD	Cardinal number	26.	UH	Interjection	
3.	DT	Determiner	27.	VB	Verb, base form	
4.	EX	Existential *there*	28.	VBD	Verb, past tense	
5.	FW	Foreign word	29.	VBG	Verb, gerund/present participle	
6.	IN	Preposition/subord. conjunction	30.	VBN	Verb, past participle	
7.	JJ	Adjective	31.	VBP	Verb, non-3rd ps. sing. present	
8.	JJR	Adjective, comparative	32.	VBZ	Verb, 3rd ps. sing. present	
9.	JJS	Adjective, superlative	33.	WDT	*wh*-determiner	
10.	LS	List item marker	34.	WP	*wh*-pronoun	
11.	MD	Modal	35.	WP$	Possessive *wh*-pronoun	
12.	NN	Noun, singular or mass	36.	WRB	*wh*-adverb	
13.	NNS	Noun, plural	37.	#	Pound sign	
14.	NNP	Proper noun, singular	38.	$	Dollar sign	
15.	NNPS	Proper noun, plural	39.	.	Sentence-final punctuation	
16.	PDT	Predeterminer	40.	,	Comma	
17.	POS	Possessive ending	41.	:	Colon, semi-colon	
18.	PRP	Personal pronoun	42.	(	Left bracket character	
19.	PP$	Possessive pronoun	43.	)	Right bracket character	
20.	RB	Adverb	44.	"	Straight double quote	
21.	RBR	Adverb, comparative	45.	'	Left open single quote	
22.	RBS	Adverb, superlative	46.	``	Left open double quote	
23.	RP	Particle	47.	'	Right close single quote	
24.	SYM	Symbol (mathematical or scientific)	48.	''	Right close double quote	

3.3 Named entity recognition

Named entity recognition (NER) ist ein Unterproblem des Information-Retrieval und beschreibt den Prozess, wie man Ausdrücke identifiziert, die beispielsweise für Menschen oder Orte stehen [18]. Dieser Prozess kann in zwei Phasen aufgeteilt werden: der Identifizierung von Namen und der Klassifizierung ebendieser. Dadurch können zentrale Themen eines Textes erfasst und dieser in eine Kategorie eingeordnet werden, was als erster Schritt für weitere Methoden genutzt werden kann. Zentrale Probleme hierbei sind die semantische, sowie die kontextabhängige Mehrdeutigkeit der Substantive.

Während die ersten NER Systeme hauptsächlich durch definierte, themenabhängige Regeln charakterisiert wurden, können neuere Systeme durch neuronale Netze eine erhöhte Themenunabhängigkeit erreichen [19]. Folglich sind sie flexibler und universeller einsetzbar. Außerdem performen Modelle basierend auf neuronalen Modellen deutlich besser als ihre Vorgänger. Auch wenn es mit dieser Technik relativ einfach sein sollte, Texte aus sozialen Medien zu kategorisieren, steht die praktische Anwendung vor einigen Schwierigkeiten.

In einer experimentellen Studie haben Ritter et al. [20] existiernde Tools für NER auf verschiedene Tweets angewendet, wobei sich vor allem die Klassifizierung als besonders komplex herausgestellt hat, da Tweets ohne jeden Kontext veröffentlicht werden. Außerdem werden verschiedenste Entitätstypen genannt, wodurch eine große Menge an Trainingsdaten erforderlich ist.

3.4 Topic modeling

Während bei NER der Fokus auf den Substantiven liegt, geht es beim Topic modeling darum, die verschiedenen Themen eines Textes herauszuarbeiten [21]. Dabei wird eine Einstufung der verschiedenen Wörter in Abhängigkeit ihrer übergeordneten Themen vorgenommen, wodurch ein automatisierter Prozess entsteht, um vor allem für große Mengen an Text ein Set an wichtigen Kategorien abzubilden [22]. Die Einstufung erfolgt hierbei anhand verschiedener Thesauri. Dabei nimmt das Modell an, dass die Bedeutung eines Textes relativ zur Anzahl der Wörter verschiedener Themengebiete ist [23].

Jedes Dokument wird dabei als Bag of words dargestellt und die verschiedenen Wörter anschließend durch statistische Methoden den verschiedenen Themen zugeordnet. Folglich werden sehr große Mengen an Text benötigt, sowie am besten verschiedene Dokumente zu ähnlichen Themen, um möglichst gute Ergebnisse zu erhalten. Dies scheint im Widerspruch zu den meist kurzen, sowie nur begrenzte Kontextinformationen besitzende Informationen aus sozialen Medien zu stehen., welche darüber hinaus oft Fehler aufweisen.

Dennoch können kurze Texte mit diesem Model bearbeitet werden, in dem das Wissen über den semantischen Zusammenhang der Wörter nicht aus verschiedenen Thesauri extrahiert wird, sondern durch Erkenntnisse aus neuronalen Netzwerk-Sprachmodellen neu generiert wird. Dabei kann die Themenähnlichkeit zweier Wörter erhöht werden, wenn sie selten in kurzen Texten vorkommen [24].

3.5 Sentiment analysis

Bei der Sentiment analysis wird untersucht, wie Gefühle in einem Text ausgedrückt werden und ob diese mit positiven oder negativen Meinungen zu einer bestimmten Sache verknüpft sind [25]. In Social Media könnten so Beleidigungen oder radikalisierte Meinungen zu bestimmten Themen herausgearbeitet werden. Die Sentiment analysis lässt sich in drei zentrale Unterkategorien aufteilen [26]. Der einfachste und weit verbreitete Ansatz ist Keyword spotting. Bei diesem Verfahren wird nach bestimmten Wörtern gesucht wird, die unmissverständlich ein Gefühl ausdrücken (z.B. glücklich, traurig). Probleme sind hier zum einen die Negation ebendieser Wörter, zum anderen müssen diese Schlüsselwörter zwingend vorhanden sein.

Statt eindeutige Schlüsselwörter auszuwählen, definiert man bei der Lexical affinity für beliebige Wörter Wahrscheinlichkeiten, inwiefern sie mit bestimmten Emotionen in Verbindung gebracht werden können. Diese Wahrscheinlichkeiten werden durch Textkorpora trainiert, von deren Auswahl die Güte stark abhängig ist. Auch die Negation kann hier zu Problemen führen, da die Schlüsselwörter zwar erkannt werden, jedoch durch die Verneinung mit einer gegenteiligen Intention verwendet wurden.

Durch Statistical methods, wie z.B. der Support Vecotor Machine, können die Vorteile der ersten beiden Ansätze erlernt werden, falls die gegebene Datenmenge groß genug ist.

4   Leitfadengestütztes Experteninterview

Nachdem in den vorangegangenen Kapiteln die theoretischen Grundlagen anhand einer Literaturrecherche untersucht wurden, sollen in diesem Kapitel nun
weitere rechtliche respektive technische Hürden bei der Strafverfolgung in Social-
Media exploriert werden.

4.1   Forschungsdesign

Zur Datengewinnung wurde ein leitfadengestütztes Experteninterview durchgeführt. Ein Experte ist in diesem Kontext jemand, der über ein sehr spezielles
Wissen über den in dieser Arbeit untersuchten Bezugsrahmen verfügt [27]. So
wurde das Experteninterview mit einem Kriminalhauptkommissar des Cybercrime Dezernats eines Landeskriminalamts durchgeführt. Ein leitfadengestütztes
Experteninterview ist ein Interviewverfahren, bei dem eine Liste offener Fragen
(Interviewleitfaden) gestellt werden. Da weder Reihenfolge noch genaue Frage-
formulierungen verbindlich sind, lenken die Interviewpartner somit selbst das
Gespräch mit [27].

Diese Erhebungsmethode eignet sich hier gut, da auf der einen Seite aus den Ant-
worten des Befragten einzelne Informationen extrahiert werden müssen, auf der
anderen Seite wurde in der Befragung diejenige Thematik behandelt, die durch
das Ziel dieser Seminararbeit bestimmt wird [27]. Da die Herausforderungen in
diesem Kapitel induktiv und deduktiv aus dem Interviewmaterial exploriert werden, eignet sich hierzu ein qualitativer Ansatz [27]. Demzufolge werden im ersten
Schritt die Daten erkundet, indem alle Interviews gelesen werden. Anschließend
wird aus dem Interviewmaterial ein induktives[3] Kategoriensystem ermittelt, das
die verschiedenen Herausforderungen charakterisiert.

Danach werden die Interviews codiert, indem die Textstellen des Interviews den
einzelnen Kategorien zugeordnet werden. Zum Schluss folgt eine kategorienba-
sierte Auswertung [28].

4.2   Durchführung und Auswertung

Nach Durchführung der Interviews wurden ebendiese transkribiert. Dabei wurden Transkriptionsregeln nach Gläser und Laudel 2010 verwendet. Das bedeutet
es wurde in Standardorthographie transkribiert und nichtverbale Äußerungen
wurden weggelassen. Zudem wurden unverständliche Passagen gekennzeichnet [27].
Für die Transkription wurde das Programm Amberscript verwendet. Anschließend wurde ein induktives Kategoriensystem erstellt.

Die hier ermittelten Unterkategorien lassen sich in die deduktiv generierten
Oberkategorien der rechtlichen und der technischen Hürden einordnen, die auch
schon in den letzten Kapiteln erläutert wurden. Danach wurde das Material
mithilfe des Analyseprogramms MAXQDA Analytics Pro 2020 kategorienbasiert

---

[3] Bei der induktiven Methode entwickeln sich die Kategorien aus dem Material selbst.

ausgewertet. Demnach wurden im ersten Schritt die Textstellen je Kategorie zusammengefasst. Im zweiten Schritt erfolgte eine Beschreibung der Ergebnisse je Kategorie. Dann wurden die Ergebnisse interpretativ in einen theoretischen Kontext eingeordnet und die Ergebnisse zusammenfassend diskutiert [28]. Nachdem von drei Kodierern die Methode der induktiven Kategorienentwicklung durchgeführt wurde, wurden die markierten Textpassagen miteinander verglichen. Mit diesem Schritt soll die Reliabilität der durchgeführten Inhaltsanalyse geprüft werden, da es sich hierbei um ein Gütekriterium des qualitativen Forschungsansatz handelt [29]. Die Zahlen in eckigen Klammern im nachfolgenden Kapitel referenzieren auf den entsprechenden Absatz im jeweiligen Interview (A). Gleiches gilt für Zitate. So referenziert beispielsweise [A20] auf ein Zitat im zwanzigsten Absatz des Interviews A.

4.3 Ergebnisse des leitfadengestützten Experteninterviews

Wie schon im letzten Kapitel erwähnt, lassen sich Herausforderungen, die sich aus dem Experteninterview ergeben, in die beiden Oberkategorien der rechtlichen bzw. technische Hürden einordnen oder in beide Oberkategorien. Ein großes Problem ist hierbei die Tatsache, dass Cybercrime keine Grenzen kennt, Rechte und Gesetze aber im Gegensatz dazu schon [A25].

> **A25:** „Das große Problem bei Cybercrime ist, dass natürlich die Gesetzgebung, die wir in Deutschland haben, an den Landesgrenzen mehr oder weniger enden [sic!], Cybercrime aber keine Grenzen kennt."

Diese Herausforderung steht auch in engem Zusammenhang mit der Schwierigkeit die Ermittler landesweit und auch über Landesgrenzen hinweg zu vernetzen, was aufgrund der Komplexität der Strafdelikte in Social-Media unabdingbar ist [A27].

> **A27:** „Cybercrime ist kein Delikt, was man einfach als Allein-Täter oder alleiniger Ermittler bewältigen kann. Wir sind da auf eine tiefe Vernetzung einmal innerhalb von Deutschland mit diversen Strafverfolgungsbehörden, aber auch andere Organisationen sind notwendig, aber auch darüber hinaus die Vernetzung mit europäischen Strafverfolgungsbehörden und international natürlich auch [sic!]."

Die Komplexität der Cybercrimedelikte folgt aus zwei Aspekten: Zum einen entwickeln sich durch das Social-Media-Zeitalter neue Straftaten, „[...] die neu aufkamen, die so noch nicht im Fokus waren, wie zum Beispiel Cybermobbing oder Hate-Posts" [A7]. Somit müssen für solche neu aufkommenden Straftaten erstmal strafrechtliche Verfolgungsmethoden entwickelt werden, um diese auch durchführen zu können.

Zum anderen wandern sämtliche Strafdelikte, die es schon seit jeher gibt auch in digitale Sphären, weshalb sich die Strafverfolgung in Social-Media nicht auf einzelne Straftatbestände spezifizieren kann [A9].

A9: „So kann zum Beispiel Social Media auch genutzt werden als Bestandteil ei- nes Betruges, auch bekannt zum Beispiel Law Scam mit Anwandlung des Täters mit einem potenziellen Opfer über soziale Medien, kann aber auch die Verabredung zu Straftaten in sozialen Medien sein [sic!]. Deswegen, da gibt es kaum Grenzen."

Die Anonymität im Internet stellt die größte rechtliche Hürde dar [A9],[A29]. Demzufolge wären viele Cybercrimedelikte ohne die Internetanonymität zwar nicht möglich, jedoch stehen Internetnutzern eine Anonymität bzw. Pseudonymität rechtlich zu (siehe dazu auch Telemediengesetz §12ff und Art. 5 Abs. 1 Satz 1 GG).

A29: „Wenn alles möglich wäre, hätten wir Cybercrime wahrscheinlich gar nicht, weil wir entsprechend direkt quasi neben der IP der Beschuldigte benannt werden würde. Faktisch: Ein solches Tool, so schön es auch ist, wird es nie geben, weil wir allein von der Gesetzgebung her Schranken haben, die wir nicht über winden können."

Analog dazu bildet die Datenerhebung und Datenauswertung von schnelllebigen und großen Datenmengen die größte technische Herausforderung [A7],[A11], [A15],[A21].

A15: „Aus technischer Sicht: Klar, wir haben die große Problematik, dass die Social-Media in der Regel auf sehr dynamischen Webseiten gehostet werden und da entsprechend müssen dadurch auch noch hohe Updateraten vollzogen wird, müssen natürlich die Tools entsprechend angepasst werden, was aus technischer Sicht einen immensen Aufwand bedeutet und stellenweise veralteten Tools relativ schnell oder müssen angepasst werden [sic!]."

5 Lösungsansätze für Strafverfolung in Social Media

Nachdem im vorhergegangenen Kapitel noch einmal die zentrale Problematik anhand eines Experteninterviews erörtert wurde, sollen im folgenden Abschnitt die technologischen Methoden bewertet werden und darüberhinaus mit dem rechtlichen Rahmen abgeglichen werden.

5.1 Evaluation der NLP-Methoden

Die verschiedenen NLP-Methoden bieten Potentiale, um aus verschiedenen Social Media Inhalten Informationen zur Strafverfolgung herauszuarbeiten. Da die Menge an Texten und Bildern in sozialen Medien weiter steigt, wächst automatisch auch das Potential ebendieser Methoden und somit ihre Wichtigkeit. Folglich wird die Klassifizierungsgenauigkeit weiter steigen, da mehr Daten vorliegen.

Die Generierung eines Prozesses, der automatisch relevante Daten für die Strafverfolgung aus gegebenen Daten herausliest, ist ein komplexes und vielschichtiges Problem. Daher ist eine Verknüpfung der verschiedenen Methoden nötig, um ein optimales Ergebnis zu erhalten. Hierfür werden weitere Studien auf einer gemeinsamer Datenbasis benötigt, um eine vergleichende Schlussfolgerung zu ziehen [30].

Weil die Methoden auch für kurze Texte geeignet sind, ist eine Anwendung auf Kommentare beispielsweise problemlos möglich [24], [31].

Durch ein Zusammenspiel der vorgestellten Methoden könnten beispielsweise Sympathien für kriminelle Netzwerke erkannt werden oder Beleidigungen automatisch erfasst werden. Außerdem ist es durch eine entsprechende Klassifizierung möglich, eine Ankündigung von Straftaten zu identifizieren.

Eine Bearbeitung von Bild- und Videomaterial ist mit diesen Methoden jedoch nicht möglich, hierfür wird eine separate Herangehensweise benötigt.

Ferner ist es nötig, die erlangten Informationen in größere Strukturen einzuordnen, da beispielsweise ein Kommentar erst durch eine Bewertung der vorherigen Kommentare in einen Kontext eingeordnet werden kann. Zusätzlich kann der Beitrag hinzugezogen werden, unter welchem die Kommentare überhaupt stehen, um den kompletten Kontext zu erfassen. Hierfür sind weitere, multimodale Methoden erforderlich [32].

5.2 Abgleich der technischen und rechtlichen Möglichkeiten

Neben den bereits erwähnten technischen Lösungsmöglichkeiten des NLP sollten für eine zukünftige Strafverfolgung weitere Methoden in Betracht gezogen werden. Mögliche Ergänzungen, welche strafverfolgenden Behörden bei der Prävention und der Ermittlung von Straftaten helfen könnte, wäre das aktuell vom Bundesjustizministerium vorgelegte Gesetzespaket gegen Hasskriminalität auf sozialen Medien.

Dieser Entwurf sieht eine Meldepflicht von strafbaren Hasspostings durch Seiten der sozialen Netzwerke wie Facebook, Twitter und Instagram vor, um so die Arbeit für die strafverfolgenden Behörden zu vereinfachen. Des Weiteren sollen durch den geplanten Entwurf neben E-Mail Bertreiber, Unternehmen, welche Dienstleistungen im Internet anbieten, auch soziale Netzwerke dazu verpflichtet werden auf Wunsch der Behörden, wie der Polizei, dem Verfassungsschutz, dem Zoll oder dem Bundesnachrichtendienst, Passwörter von verdächtigen Nutzern herausgegeben werden. Einzige rechtliche Hürde für diesen Lösungsansatz

wäre ein richterlicher Beschluss oder in Eilfällen die Entscheidung der Staatsanwaltschaft, Passwörter der verdächtigen Personen, deren vermutete Delikte mit
Hilfe der Telekomunikation begangen worden sind, herauszugeben. Um diese
Lösungsmöglichkeit letztendlich wirksam für die Ermittlungsbehörden zu ma-
chen, muss die Datenschutzverordnung ebenfalls angepasst werden. Nach ak-
tuellem Datenschutzgesetz erhalten IT-Unternehmen wie Google und Facebook
nur dann eine Zertifizierung vom Bundesamt für Sicherheit (BSI), wenn diese die
Passwörter ihrer Nutzer verschlüsselt speichern. Durch diese Verschlüsselungs-
methode ist es aktuell technisch nicht möglich die Klarpasswörter an die Behörden
direkt zu vermitteln (Hoppenstedt und Steinke 2019).

Zwar schränkt der geplante Entwurf die Privacy der Nutzer sozialer Netzwerke
möglicherweise stark ein, allerdings vereinfacht dieser die Arbeit von Behörden
deutlich und kann somit helfen, zukünftige Straftaten aufzuklären oder diese zu
verhindern. Eine weitere Lösungsmöglichkeit, um die Ermittlungen auf sozialen
Netzwerken zu erleichtern, wäre bei Personen, welche in die EU oder Deutschland
mit Visa einreisen möchten ähnlich wie in den USA die verpflichtende Angabe
von Profilen in sozialen Netzwerken. Dieses zusätzliche Mittel um die Arbeit für
Ermittler im Bezug auf soziale Medien zu erleichtern, würde vor allem für die
Prävention von Straftaten helfen.

So müssen seit Juni 2019 Antragsteller für ein Visum in die USA Antragsteller ihre Profile auf sozialen Netzwerken wie Facebook angeben. Amerikanische
Behörden erhoffen sich hierdurch eine einfachere Unterscheidung von Personen
mit gleichem Namen, so dass Täuschungs- und Betrugsversuche möglicherweise
aufgedeckt werden können und relevante Informationen der Identität der Antragsteller geprüft werden kann (Steinlechner 2019). Auch für europäische und
deutsche Behörden wären diese verpflichtenden Angaben ein weiteres hilfreiches
Werkzeug für die Ermittlung auf sozialen Netzwerken.

6 Fazit

6.1 Zusammenfassung

In dieser Arbeit haben wir zunächst den rechtlichen Rahmen in Bezug auf die
Strafverfolung in sozialen Medien mit Blick auf Deutschland herausgearbeitet.
Anschließend haben wir allgemeine Methoden dargestellt, um den Prozess, Informationen aus textuellen Inhalten herauszuarbeiten und diese gleichzeitig zu
klassifizieren, zu automatisieren.

Mithilfe eines Experteninterviews wurde versucht, die Arbeit nah entlang der
Praxis zu führen. In der folgenden Evaluation wurden die verschiedenen NLP-
Methoden bewertet und herausgefunden, dass weiterer Forschungsbedarf in diesem Gebiet vorliegt. Durch den Vergleich der rechtlichen Rahmenbedingungen
mit den Möglichkeiten der Technologien wurde eine Diskrepanz dargelegt, weshalb ein großes Potential der Technologien in der Strafverfolgung vorliegt. Um
dieses Potential auszuschöpfen, werden weitere Anwendungen benötigt, welche
in naher Zukunft kommen werden. Hierfür sind aber auch zusätzliche Geset-
zesänderungen von zentraler Bedeutung, um Ermittlungsbehörden über Grenzen

hinweg zu vernetzen. Ein bedeutsames Dilemma für die zukünftige Entwicklung der Thematik ist dabei, wie die Anonymität im Netz gegenüber den neuen Möglichkeiten der Strafverfolgung abzuwiegen ist. Denn zum einem bietet die Strafverfolgung über soziale Medien sehr viele Chancen, zum anderen kann es zu einer starken Verletzung der Privatsphäre kommen.

6.2 Kritische Würdigung

Um die Ergebnisse der Seminararbeit besser bewerten zu können, sollten die verwendeten Methoden kritisch gewürdigt werden. Zunächst erwies es sich bei der Literaturrecherche als schwierig, die rechtlichen und technischen Hindernisse miteinander zu verbinden, da das Thema der Strafverfolgung in sozialen Netzwerken ein relativ junges Problem darstellt. Vor allem der Einbezug der NLP-Methoden erwies sich hierbei als besonders schwierig.

Auch hätten mehr Experteninterviews durchgeführt werden sollen, um einen besseren Einblick in für Nicht-Juristen schwierige Themengebiete wie die aktuelle Rechtslage bei Cyber-Strafverfolgung zu bekommen. Des Weiteren erwies es sich im Hinblick auf das durchgeführte Experteninterview als schwierig, interessante Informationen über aktuelle Ermittlungswerkzeuge zu erhalten, da die meisten Informationen der Polizei aus ermittlungstaktischen Gründen streng vertraulich sind und nicht an externe Personen weitergegeben wird.

Dennoch bietet die Seminarbeit einen guten Einblick in das Themengebiet der Strafverfolgung auf Socia-Media, da sie die rechtlichen und technische Grenzen der Strafverfolgung in sozialen Netzwerken aufzeigt und mögliche Lösungsmöglichkeiten für zukünftige Ermittlungen gibt.

6.3 Ausblick

Die Arbeit macht deutlich, welch enormes Potenzial Natural Lenguage Processing Methoden, sowie Maßnahmen wie der Verpflichtung der Passwortherausgabe durch die Konzerne, den ermittelnden strafrechtlichen Behörden bieten kann. Es bleibt abzuwarten, wie Datenschutzrichtlinien und technische Möglichkeiten in Einklang gebracht werden können.

Damit Passwörter für Ermittlungen letztendlich wirklich genutzt werden können und welche rechtlichen Schwierigkeiten für einen solchen Eingriff als sinnvoll erscheinen. Auch sollten Studien erhoben werden um herauszufinden, wie NLP Methoden den Erfolg von Aufklärungen bei Ermittlungen erhöhen können.

Außerdem sollte im Hinblick auf die stetig wachsende Informationsflut in sozialen Netzwerken untersucht werden, wie diese Methoden erfolgreich eingesetzt werden können. Herausforderung wird es für die Gesetzgebung sein, einen vertretbaren Kompromiss zwischen Privacy Awarness eines jeden Nutzers und für die Ermittlungen wirklich hilfreichen Eingriffsermächtigungen für Ermittlungszwecke zu finden. Letztendlich soll mit Hilfe technischer Möglichkeiten und den

Vorteilen einer Ermittlung auf sozialen Netzwerken Ermittlungen erfolgreich vorangebracht werden und die Gesellschaft vor Straftaten geschützt werden ohne die Privatsphäre und die persönlichen Grundrechte eines jeden Bürgers zu sehr einzuschränken.

16

Anhang

A Interviewtranskription

00:00:38
Speaker 1: Ich würde dann jetzt die Aufnahme starten. Könnten Sie dann vielleicht kurz sagen, wer sie sind? Ich werde sowieso alles anonymisieren, nur für uns ist es vielleicht ein bisschen wichtig, damit wir wissen, mit wem wir das Interview geführt haben.

00:00:55
Speaker 2: Kein Problem. Mein Name ist (anonymisiert). Ich bin (anonymisiert) Jahre alt, Kriminalhauptkommissar im Landeskriminalamt (anonymisiert), tätig im Dezernat (anonymisiert), zuständig für Cybercrime Delikte.

00:00:55
Speaker 1: Ok, perfekt. Also ich habe es auch schon in der E-Mail beschrieben. Das Interview wird ja dann transkribiert, gerne schicken wir Ihnen das auch zu. Wird auch alles anonymisiert, sodass nichts von persönlichen Daten bekanntgegeben oder dass Rückschlüsse auf Sie zurückgeführt werden könnten. Dann können wir eigentlich auch gerade mit dem Interview an sich anfangen. Und vorab nochmal: Sollten Sie jetzt irgendwas sagen, was sie später nochmal löschen wollen würden, dann können Sie einfach, nachdem ich Ihnen die Transkription geschickt habe, sagen, dass das raus soll. Dann wird es auch gelöscht und wird nicht verwendet. Also einfach dann Bescheid sagen.

00:02:09
Speaker 2: Ok.

00:02:09
Speaker 1: Also jetzt zum Interview: Hat sich in der Strafverfolgung seit dem Social-Media Zeitalter irgendwas bei Ihnen verändert?

00:02:19
Speaker 2:: Grundsätzlich muss man diese Frage bejahen. Mit Social-Media, vor allem mit Web 2.0 hat sich die Strafverfolgung in komplett neuen Bereichen quasi befassen müssen: mit schnelllebigen Daten, Informationen, aber auch mit neuen Herausforderungen, gerade im Bereich von Straftaten, die neu aufkamen, die so noch nicht im Fokus waren, wie zum Beispiel Cybermobbing oder Hate-Posts, die aktuell im Gespräch sind und dergleichen. Von daher hat sich definitiv die Strafverfolgung verändert seit dem Social-Meda Zeitalter.

00:02:53
Speaker 1: Ok. Was wäre Ihr "daily businessßag ich mal, gerade hinsichtlich Social Media? Also was hat man da so konkret für Straftaten am meisten?

00:03:10

Speaker 2:: Grundsätzlich muss man natürlich die Arbeiten vom Landeskriminalamt separat betrachten mit den Arbeiten der Polizeidienststellen auf der Fläche verteilt. Aber insgesamt würde ich sagen: Es gibt da keine großen Grenzen was die Straftat-Delikte angeht, wenn die Frage jetzt darauf abgezogen ist. Es gibt die klassischen Schwerpunkte, die Sie genannt haben: "daily business", wie quasi Beleidigungen, Bedrohungen und dergleichen, die wahrlich von Social Media stattfinden. Durch das vermeintliche Anonymität des Internets haben stark zugenommen. Aber wie gesagt, es gibt da kaum Grenzen. So kann zum Beispiel Social Media auch genutzt werden als Bestandteil eines Betruges, auch bekannt zum Beispiel Law Scam mit Anwandlung des Täters mit einem potenziellen Opfer über soziale Medien, kann aber auch die Verabredung zu Straftaten in sozialen Medien sein. Deswegen, da gibt es kaum Grenzen. Somit das "daily business"muss man eigentlich schon allumfassend betrachten. Aber ganz klar, das häufigste sind die Beleidigungen als Straftatbestände.

00:04:15

Speaker 1: Ok, gibt es da schon so bestimmte Tools oder Werkzeuge, die Sie gerade in der Abteilung Cybercrime bei der Strafverfolgung benutzen?

00:04:31

Speaker 2:: Definitiv. Händisch kann man dem Ganzen eigentlich so gut wie gar nicht begegnen. Wir benutzen zum Teil freie Software, also Open Source basierte Tools, haben aber auch eigens programmierte Tools, beziehungsweise durch Unternehmen bereitgestellte Tools, die wir benutzen, wobei ich jetzt im Detail keine Tools entsprechend nennen kann aus kriminaltaktischen Gründen.

00:04:55

Speaker 1: Ok. Gibt es da rechtliche oder technische Hürden vielleicht, gerade auch hinsichtlich der Tools?

00:05:03

Speaker 2:: Also meinen Sie jetzt mit der Frage rein die Tools oder generell im Bereich Social Media?

00:05:09

Speaker 1: Beides.

00:05:11

Speaker 2:: Also ein mal rechtlich: Klar die Tools müssen sich entsprechend an die Gesetzgebung richten, die Benutzung. Wir sind an Recht und Gesetz gebunden, die Polizei. Das heißt, wenn wir Einsatzmaßnahmen treffen, dann muss das konkludent zur Strafprozessordnung stattfinden oder andere Ordnungen, andere Selbstbestimmungen, die wir haben. Ansonsten gibt es rechtlich natürlich Problematiken im Bereich der ausländischen Anbieter von Social-Media. Das heißt, nur als Beispiel zu nennen: In Amerika gibt es eine andere Rechtsauffassung als in Deutschland, was die Beleidigungstatbestände angeht. So ist eine Beleidigung, was strafrechtlich eine Beleidigung darstellt in Deutschland nicht zwangsläufig eine Beleidigung im strafrechtlichen Sinne in Amerika, sondern wird dort als freie Meinungsäußerung gehandelt. Das ist schon mal ein Riesenproblem. Das heißt, wenn wir Einsatzmaßnahmen fahren quasi oder durchsetzen möchten in Amerika, im Rahmen der Rechtshilfe. Dann kann es sein, dass da abgelehnt wird, weil es dort keine Straftat beinhaltet. Aus technischer Sicht: Klar, wir haben die große Problematik, dass die Social-Media in der Regel auf sehr dynamischen Webseiten gehostet werden und da entsprechend müssen dadurch auch noch hohe Updateraten vollzogen wird, müssen natürlich die Tools entsprechend angepasst werden, was aus technischer Sicht einen immensen Aufwand bedeutet und stellenweise veralteten Tools relativ schnell oder müssen angepasst werden. Das sind so die gängigen Probleme, die wir dahingehend haben.

00:06:34
Speaker 1: Wer ist für die Tool-Auswahl verantwortlich?

00:06:38
Speaker 2:: Für die Tool-Auswahl sind in erster Linie die Sachbearbeiter selber zuständig, die die entsprechend nutzen. Wenn es um Fragen oder wenn sich Fragen dahingehend stellen, ob sie aus gesetzlicher Sicht genutzt werden können, erfolgt eine Absprache oder eine Rücksprache mit dem Dezernatsleiter beziehungsweise Kommissariatsleiter, je nachdem auf welcher Ebene wir uns befinden und notfalls spricht man sich dann natürlich mit der Staatsanwaltschaft ab als Herr des Verfahrens.

00:07:12
Speaker 1: Ach so, Ok. Die werden dann schon von jedem so benutzt, wenn ich es richtig verstanden habe?

00:07:16
Speaker 2:: Die Tools, die wir nutzen, sind in der Regel, also gerade die kommerziell genutzten Tools oder die eigens von der Polizei programmiert wurden oder in Auftrag gegeben wurden, können durch alle Sachbearbeiter prinzipiell genutzt werden, es sei denn es handelt sich hierbei um Tools, die nur speziell für Fachdienststellen, wie jetzt zum Beispiel unser Dezernat, genutzt werden. Da kann dann gegebenenfalls auch Rücksprache können die Kollegen darauf zurückgreifen. Aber prinzipiell können alle Ermittler auch darauf zurückgreifen.

00:07:47
Speaker 1: Besteht bei der fünften Frage da weiß ich nicht ob Sie die beantworten dürfen, aber nutzen sie jetzt aktuell auch schon Machine Learning Methoden, gerade so hinsichtlich Text Mining oder Data Mining? Zum Beispiel: Wenn jetzt

jemand IS-freundliche Nachrichten rumschickt sag ich mal und ob man da schon mit Software arbeitet, um das herauszufiltern und zu erkennen.

00:08:20

Speaker 2:: Also vom Prinzip her gebe ich Ihnen da Recht. Groß dazu Stellung nehmen kann ich nicht. Allerdings kann ich allgemein dazu sagen, dass wir aufgrund der derzeitigen Situation der Datenflut, die wir quasi haben, zwangsläufig auf maschinelle Unterstützung angewiesen sind und dementsprechend dem Thema Maschinenlernen quasi in der Hinsicht oder künstliche Intelligenz quasi nicht verschließen, dem offen gegenüberstehen und das entsprechend juristisch auch abklären, inwieweit wir das nutzen können.

00:08:53

Speaker 1: Sehen Sie da noch irgendwelche Chancen jetzt gerade vielleicht auch hinsichtlich künstlicher Intelligenzen oder auch Cybercrime an sich?

00:09:05

Speaker 2:: Also fangen wir mal mit Cybercrime an sich an. Cybercrime ist ein etablierter Straftat-Bereich, den auch die PKS soweit abdeckt, der im stetigen Wachstum ist, der immer mehr vernetzt wird oder wo es Vernetzungen zu klassischen Kriminalitätsformen gibt. Es ist vor allem ein Bereich, der nicht mehr wegzudenken ist und ja schon ein Bestandteil unseres Lebens darstellt und dementsprechend wird oder erfolgt auch eine Anpassung seitens der polizeilichen Maßnahmen. Aber auch in Zukunft werden wir uns dementsprechend ausrichten und versuchen entsprechend uns da anzupassen, um entsprechend da zielgerichtet qualitativ Ermittlungen durchführen zu können. Was die künstliche Intelligenz angeht, wie schon anfangs erwähnt, ist ein Bereich, dem wir uns nicht verschließen können und nicht wollen. Da werden wir entsprechend schauen, wie wir uns da in Zukunft aufstellen können und vor allem auch juristisch, wie weit wir uns dieser Technologie bedienen können, aber zwangsläufig weil es eben ein stetig wachsendes Delikts-Feld ist, werden wir uns dieser Technik bedienen müssen.

00:10:15

Speaker 1: Ok. Gäbe es vielleicht noch irgendetwas, was Sie sich für ihre Arbeit wünschen würden?

00:10:23

Speaker 2:: Das große Problem bei Cybercrime ist, dass natürlich die Gesetzgebung, die wir in Deutschland haben, an den Landesgrenzen mehr oder weniger enden, Cybercrime aber keine Grenzen kennt. Das heißt: Wir haben das große Problem, wenn wir entsprechend Ermittlungen durchführen, haben wir immer andere Länder mit im Fokus, wo wir Daten erheben müssen, Daten bewerten müssen, ermitteln müssen. Und das Problem ist einfach, dass sobald wir außerhalb von Deutschland agieren müssen, dass dort eine relativ hohe Zeit verloren geht, die gerade in zeitkritischen Vorfällen schon Spiele entscheiden können. Da hoffe ich halt in Zukunft, dass es dann eine tiefere Vernetzung seitens diverser Länder gibt, so wie wir es in Europa auch handhaben. Da ist die Vernetzung eigentlich schon sehr gut. Wäre nur schön, wenn es gerade mit den großen Ländern noch eine engere Vernetzung geben würde, dass man da schneller an entsprechende Daten kommen kann, soweit es natürlich die Gesetzgebung, die deutsche Gesetzgebung, entsprechend erlaubt. Wie gesagt, wir sind an Gesetze gebunden und das ist auch gut so.

00:11:28
Speaker 1: Arbeiten Sie auch dann mit ausländischen Cybercrime-Dienststellen zusammen?

00:11:32
Speaker 2:: Ja definitiv. Cybercrime ist kein Delikt, was man einfach als Allein-Täter oder alleiniger Ermittler bewältigen kann. Wir sind da auf eine tiefe Vernetzung einmal innerhalb von Deutschland mit diversen Strafverfolgungsbehörden, aber auch andere Organisationen sind notwendig, aber auch darüber hinaus die Vernetzung mit europäischen Strafverfolgungsbehörden und international natürlich auch. Gerade Amerika ist da ein großer Ansprechpartner, weil dort eben die meisten Server stehen und dort auch entsprechend Expertise sind. Von daher die Informationsgewinnung, die Informationsvernetzung ist ein wesentlicher Bestandteil für die Bekämpfung, die erfolgreiche Bekämpfung von Cybercrime.

00:12:16
Speaker 1: Und wenn wir jetzt noch mal Wunschkonzert spielen würden, gäbe es irgendein Werkzeug oder eine Software, die sie sich einfach wünschen würden, wenn jetzt alles möglich wäre?

00:12:33
Speaker 2:: Wenn alles möglich wäre, hätten wir Cybercrime wahrscheinlich gar nicht, weil wir entsprechend direkt quasi neben der IP der Beschuldigte benannt werden würde. Faktisch: Ein solches Tool, so schön es auch ist, wird es nie geben, weil wir allein von der Gesetzgebung her Schranken haben, die wir nicht überwinden können. Gibt es ein Tool, was wir uns wünschen würden? Das ist das Problem, dass wir situationsabhängige Tools brauchen. Wir brauchen Tools, die für das jeweilige Verfahren zugeschnitten sind, auf die die jeweiligen Bedürfnisse abgezielt sind. Von daher kann ich jetzt so das Allheilmittel, die eierlegende Wollmilchsau überhaupt nicht benennen.

00:13:17
Speaker 1: Perfekt. Dann war es das auch schon.

B Leitfadeninterview

1. Was hat sich in der Strafverfolgung seit dem Social-Media-Zeitalter verändert?

2. Welche Arten gibt es bei der Strafverfolgung in Social-Media; Was ist ihr "daily business" hinsichtlich Social Media?

3. Welche Tools/Werkzeuge benutzen Sie bei der Strafverfolgung?

4. Gibt es rechtliche oder technische Hürden/Herausforderungen bei der Strafverfolgung in Social-Media?

5. Nutzen Sie aktuell auch Machine Learning Methoden zur Strafverfolgung (text mining, data mining...)?

6. Welche Chancen sehen Sie und was wünschen Sie sich vielleicht noch?(rechtlich/technisch)?

Literatur

1. Robert Esser. *Strafrechtliche Aspekte der Social Media*, pages 203–321. Springer Berlin Heidelberg, Berlin, Heidelberg, 2015.

2. Philipp Roth. Offiziele nutzerzahlen: Facebook in deutschland, 2019.

3. Unabhängiges Landeszentrum für Datenschutz Schleswig-Holstein. Polizeiliche recherchen in sozialen netzwerken zu zwecken der gefahrenabwehr und strafverfolgung, 2012.

4. Susanne Beck. Verdeckte ermittlungen in sozialen netzwerken.

5. Nils Christian Haag. Erfolge und grenzen der online-fahndung bei facebook.

6. Grundgesetz. Art. 10.

7. Bundesministerium der Justiz und für Verbraucherschutz. Strafprozessordnung § 163f längerfristige observation.

8. Tom Young, Devamanyu Hazarika, Soujanya Poria, and Erik Cambria. Recent trends in deep learning based natural language processing. *ieee Computational intelligenCe magazine*, 13(3):55–75, 2018.

9. Markus Englerth and Yoan Hermstrüwer. Die datenkrake als nutztier der strafverfolgung. *RW Rechtswissenschaft*, 4(3):326–359, 2013.

10. Rohit Kumar. Natural language processing. In Rohit Kumar, editor, *Machine Learning and Cognition in Enterprises*, pages 65–73. Apress L. P, Berkeley, CA, 2017.

11. Alexis Conneau, Holger Schwenk, Loïc Barrault, and Yann Lecun. Very deep convolutional networks for text classification. *arXiv preprint arXiv:1606.01781*, 2016.

12. Akshay Kulkarni and Adarsha Shivananda. *Natural Language Processing Recipes: Unlocking Text Data with Machine Learning and Deep Learning using Python*. Apress, Berkeley, CA, 2019.

22

13. Kevin Gimpel, Nathan Schneider, Brendan O'Connor, Dipanjan Das, Daniel Mills, Jacob Eisenstein, Michael Heilman, Dani Yogatama, Jeffrey Flanigan, and Noah A Smith. Part-of-speech tagging for twitter: Annotation, features, and experiments. Technical report, Carnegie-Mellon Univ Pittsburgh Pa School of Computer Science, 2010.
14. Lluís Màrquez and Horacio Rodríguez. Part-of-speech tagging using decision trees. In *European Conference on Machine Learning*, pages 25–36. Springer, 1998.
15. Mitchell Marcus, Beatrice Santorini, and Mary Ann Marcinkiewicz. Building a large annotated corpus of english: The penn treebank. 1993.
16. Olutobi Owoputi, Brendan O'Connor, Chris Dyer, Kevin Gimpel, Nathan Schneider, and Noah A. Smith. Improved part-of-speech tagging for online conversational text with word clusters. In *Proceedings of the 2013 Conference of the North American Chapter of the Association for Computational Linguistics: Human Language Technologies*, pages 380–390, Atlanta, Georgia, June 2013. Association for Computational Linguistics.
17. Melanie Neunerdt, Bianka Trevisan, Michael Reyer, and Rudolf Mathar. Part-of-speech tagging for social media texts. In *Language Processing and Knowledge in the Web*, pages 139–150. Springer, 2013.
18. Alireza Mansouri, Lilly Suriani Affendey, and Ali Mamat. Named entity recognition approaches. *International Journal of Computer Science and Network Security*, 8(2):339–344, 2008.
19. Vikas Yadav and Steven Bethard. A survey on recent advances in named entity recognition from deep learning models. *arXiv preprint arXiv:1910.11470*, 2019.
20. Alan Ritter, Sam Clark, Oren Etzioni, et al. Named entity recognition in tweets: an experimental study. In *Proceedings of the conference on empirical methods in natural language processing*, pages 1524–1534. Association for Computational Linguistics, 2011.
21. Jordan Boyd-Graber, Yuening Hu, David Mimno, et al. Applications of topic models. *Foundations and Trends® in Information Retrieval*, 11(2-3):143–296, 2017.
22. John W Mohr and Petko Bogdanov. Introduction—topic models: What they are and why they matter, 2013.
23. Ferdinand De Saussure. *Course in general linguistics*. Columbia University Press, 2011.
24. Chenliang Li, Haoran Wang, Zhiqian Zhang, Aixin Sun, and Zongyang Ma. Topic modeling for short texts with auxiliary word embeddings. In *Proceedings of the 39th International ACM SIGIR conference on Research and Development in Information Retrieval*, pages 165–174. ACM, 2016.
25. Tetsuya Nasukawa and Jeonghee Yi. Sentiment analysis: Capturing favorability using natural language processing. In *Proceedings of the 2nd international conference on Knowledge capture*, pages 70–77. ACM, 2003.
26. Erik Cambria. An introduction to concept-level sentiment analysis. In Félix Castro, Alexander Gelbukh, and Miguel González, editors, *Advances in Soft Computing and Its Applications*, pages 478–483, Berlin, Heidelberg, 2013. Springer Berlin Heidelberg.
27. Jochen Gläser and Grit Laudel. *Experteninterviews und Qualitative Inhaltsanalyse -*. VS Verlag, Wiesbaden, 4. aufl. edition, 2010.
28. Udo Kuckartz, Thorsten Dresing, Stefan Rädiker, and Claus Stefer. *Qualitative Evaluation - Der Einstieg in die Praxis*. Springer-Verlag, Berlin Heidelberg New York, 2. aufl. edition, 2008.
29. Philipp Mayring. *Qualitative Inhaltsanalyse - Grundlagen und Techniken*. Beltz, Langensalza, 11. aufl. edition, 2010.

30. Anna Schmidt and Michael Wiegand. A survey on hate speech detection using natural language processing. In *Proceedings of the Fifth International Workshop on Natural Language Processing for Social Media*, pages 1–10, Valencia, Spain, April 2017. Association for Computational Linguistics.

31. Bharath Sriram, Dave Fuhry, Engin Demir, Hakan Ferhatosmanoglu, and Murat Demirbas. Short text classification in twitter to improve information filtering. In *Proceedings of the 33rd international ACM SIGIR conference on Research and development in information retrieval*, pages 841–842. ACM, 2010.

32. Tadas Baltrušaitis, Chaitanya Ahuja, and Louis-Philippe Morency. Multimodal machine learning: A survey and taxonomy. *IEEE Transactions on Pattern Analysis and Machine Intelligence*, 41(2):423–443, 2018.

BEI GRIN MACHT SICH IHR WISSEN BEZAHLT

- Wir veröffentlichen Ihre Hausarbeit,
  Bachelor- und Masterarbeit

- Ihr eigenes eBook und Buch -
  weltweit in allen wichtigen Shops

- Verdienen Sie an jedem Verkauf

Jetzt bei www.GRIN.com hochladen und kostenlos publizieren